L'Espérance ne déçoit pas

CONFÉRENCE DES ÉVÊQUES
DE FRANCE

L'ESPÉRANCE NE DÉÇOIT PAS

Déclaration du Conseil permanent à l'occasion de l'année électorale 2022

Documents d'Église

BAYARD ÉDITIONS – MAME
LES ÉDITIONS DU CERF

Bayard Éditions
18, rue Barbès
92128 Montrouge cedex
ISBN 978-2-227-50072-3

Mame
57, rue Gaston Tessier
75019 Paris
ISBN 978-2-728-93228-3

www.editionsducerf.fr
24, rue des Tanneries
75013 Paris

ISBN : 978-2-204-15044-6

L'ESPÉRANCE NE DÉÇOIT PAS

Déclaration du Conseil permanent à l'occasion de l'année Électorale 2022

Introduction

1. L'année 2022 sera marquée dans notre pays par les élections présidentielles et législatives. Ces échéances électorales sont *une occasion de débattre et de discerner dont les catholiques ne sauraient se désintéresser*. Le contexte actuel pose aux concitoyens que nous sommes tous des questions singulièrement graves et nombreuses : elles appellent à prendre toute notre part à la réflexion commune. L'interrogation biblique *Qu'as-tu fait de ton frère ?*, avait servi de titre au document proposé par les évêques à l'approche des élections de 2007. Cette question doit rester l'exigence principale qui déterminera nos choix électoraux.

2. C'est *avec humilité* que l'Église catholique intervient dans le débat qui s'ouvre. Réunis en Assemblée plénière début novembre 2021, les évêques de France ont en effet reconnu la responsabilité institutionnelle de l'Église dans les violences qu'ont subies tant de personnes victimes d'agressions sexuelles en son sein et la dimension systémique de ces abus. Notre Église a failli. C'est bien conscient de cette situation que le Conseil permanent de la Conférence des évêques de France ose néanmoins partager la présente réflexion car Celui en qui nous croyons nous invite à lui rendre témoignage, au-delà même des fautes et des péchés que nous reconnaissons.

3. La crise du coronavirus souligne avec brutalité *les fragilités humaines et spirituelles de notre société mais aussi sa grande capacité de rebond et de créativité*. Il y a en elle beau-

coup de violences latentes qui s'expriment parfois malheureusement en paroles et en actes. Le risque de fracturation de notre communauté nationale tout comme la recrudescence des tensions internationales sont réels. La période électorale constitue une occasion pour chacun d'assumer mieux ses responsabilités à l'égard de tous. Nous ne pouvons pas nous laisser enfermer dans l'amertume ou le découragement. Notre foi chrétienne nous pousse à affirmer et à reconnaître les capacités de justice et de paix présentes dans le cœur humain. Nous sommes donc constamment appelés non seulement à la vigilance éthique et sociale mais aussi à l'espérance.

CHOISIR DE VIVRE ENSEMBLE EN PAIX

4. La vie en société passe par *le choix de chacun de vivre en paix avec tous. Retrouver le sens du politique*, comme nous y invitions en 2016, ce n'est pas d'abord avoir des idées sur la politique mais avant tout cultiver le désir de respecter profondément et activement ceux et celles au milieu de qui nous vivons. Le défi inhérent au système démocratique consiste pour une société à choisir la direction qu'elle veut prendre en acceptant la confrontation des aspirations et des conceptions diverses de ses membres.

5. Nous appelons donc de nos vœux *un débat préélectoral qui permette une rencontre franche et respectueuse des idées et des programmes*, afin d'aboutir à une décision élec-

torale qui pourra être accueillie par tous et porter du fruit à long terme. De ce point de vue, si la décision de voter blanc peut avoir du sens, s'abstenir de voter est un manquement à la responsabilité qui incombe à chacun à l'égard de tous : assumer cette responsabilité est un devoir qui demeure même dans des institutions toujours imparfaites et toujours perfectibles. Il n'est d'ailleurs pas illégitime de se demander si les modifications apportées à nos institutions ces dernières décennies ont vraiment favorisé une amélioration de leur fonctionnement et une participation plus effective des citoyens à la vie politique.

6. Les chrétiens savent également que *la justesse éthique et la justice sociale vont de pair* et qu'il n'est jamais légitime ni fécond de choisir l'une au détriment de l'autre ou d'imaginer préserver l'une en sacrifiant

l'autre. Le bien commun est un tout complexe dont on ne peut se satisfaire de privilégier une dimension en négligeant les autres. Un des apports possibles des chrétiens à la réflexion commune est précisément la prise en compte attentive de « tous les hommes et de tout l'homme », de la richesse globale des personnes et de la société à préserver et à promouvoir.

• Comment nous sentons-nous personnellement responsables de la paix de notre société ?

• Comment pouvons-nous contribuer à un débat à la fois libre et respectueux ?

• Comment percevons-nous l'unité du bien commun à promouvoir ?

LE RESPECT INCONDITIONNEL DE TOUTE VIE HUMAINE

7. Le premier confinement a été scandé par le souci de « sauver des vies », au risque d'oublier parfois que toute personne humaine a besoin de relations d'amitié et d'affection mais également de nourrir la dimension spirituelle de sa vie. Pour les chrétiens, *la grandeur d'une société est d'aider tous ses membres à respecter la vie et la dignité de tous et en particulier des plus fragiles*. Comment ne pas être étonnés et profondément attristés de voir se conjuguer parfois, de façon totalement contradictoire, la tentation de l'euthanasie avec une certaine surenchère sanitaire. La voie authentiquement humaine, celle qui contribue en profondeur à la paix, ne peut consister ni dans l'acharnement thérapeu-

tique ni dans le recours à l'euthanasie : elle exige le respect et l'accompagnement attentif et bienveillant de chaque personne à tous les stades de son existence. Il faut souhaiter un développement plus ambitieux des soins palliatifs dans notre pays : ce sera un signe clair qui parlera à tous.

8. « Sauver des vies », comme notre société en a éprouvé le réflexe à approfondir à la faveur de la crise sanitaire, c'est aussi *accueillir la vie naissante avec respect et émerveillement*. La volonté d'allonger toujours davantage les délais d'autorisation d'interruption volontaire de grossesse constitue une violence de surcroît à l'égard de la société tout entière, en particulier à l'égard des personnes les plus fragiles ou handicapées. À l'inverse, toutes les initiatives d'inclusion des personnes en situation de handicap dans le monde scolaire ou le

monde du travail contribuent à la santé de l'ensemble de notre société. Le mot d'ordre biblique : « choisis la vie » (Deutéronome 30, 19) constitue également une salutaire maxime politique.

9. *Respecter la vie humaine revient donc à prêter vraiment attention à autrui.* Le repli sur soi ne mène ni à la paix, ni au bonheur. Collectivement, nous avons besoin de retrouver et de développer le sens de l'amitié civique, de la confiance et de la bienveillance. Aucun d'entre nous ne vit de manière autonome. Nous dépendons les uns des autres comme la crise sanitaire nous l'a de nouveau rappelé. Quand elle n'est que la somme des intérêts particuliers, la société prête souvent le flanc à des violences. Il est de la responsabilité des politiques mais aussi de chaque citoyen de définir et de mettre en œuvre des projets qui contribuent vraiment

au bien commun et de promouvoir dans ce but le respect, l'écoute, le dialogue et le sens du compromis, en un mot les règles de la civilité.

• Comment mieux prendre en compte la dimension relationnelle et spirituelle de la vie humaine ?

• Comment mieux respecter et accueillir la vie naissante dans notre société ?

• Quelles attentions négligées à autrui promouvoir avec une attention spécifique aujourd'hui ?

PROMOUVOIR LA LIBERTÉ, L'ÉGALITÉ ET LA FRATERNITÉ

10. La communauté humaine n'est pas une création du politique mais elle lui préexiste : le politique est au service de cette communauté et lui permet d'accomplir ce pour quoi elle est faite. *Les chrétiens n'attendent pas tout de la politique et les politiques doivent se garder de promettre plus qu'ils ne sont en mesure d'offrir*. La révélation biblique et les sagesses humaines, celle des anciens Grecs en particulier, mettent en garde contre la démesure ou l'idolâtrie du pouvoir. Promouvoir humblement et sérieusement la justice et la paix, limiter l'injustice et la violence, ces objectifs peuvent sembler trop peu ambitieux alors qu'ils traduisent le souci authentique du bien commun qui cherche à créer les conditions d'épanouisse-

ment de la liberté de chacun et de tous. Beaucoup d'hommes et de femmes intègres et courageux, engagés en politique, pourraient en témoigner, car la paix et la justice sociale dépendent pour une bonne part de l'engagement et des initiatives (culturelles, économiques, sociales, éducatives, associatives...) de tous les citoyens. Il ne s'agit donc pas d'attendre trop des pouvoirs publics, ni pour les politiques de surenchérir dans les promesses : les citoyens ne peuvent pas se défausser sur l'État ou les collectivités territoriales des responsabilités qui leur reviennent en propre.

11. Encore faut-il *que les autorités politiques respectent et promeuvent effectivement la liberté, l'égalité et la fraternité*. Le débat sur la « loi confortant le respect des principes de la République » a mis en évidence une tentation : celle de porter atteinte, par

souci de la sécurité, à la liberté d'expression, d'association, d'éducation, voire de culte, et à l'égalité des citoyens, qu'ils soient ou non croyants. De plus, l'omniprésence des moyens numériques pose de nouvelles questions de respect des libertés. Il n'y aura pas d'égalité et de fraternité authentiques ni même de sécurité véritable et durable sans respect scrupuleux de la liberté des personnes. En retour, la liberté ne peut pas tout se permettre et ignorer les exigences de la fraternité. C'est le sens de l'interpellation que les évêques ont lancée en novembre 2020 à la suite de l'assassinat d'un enseignant à Conflans et de trois fidèles dans la basilique de Nice: « Il est temps de réfléchir à la manière dont nos institutions collectives et nos comportements individuels doivent promouvoir le respect et déployer la fraternité. Cette réflexion urgente doit être engagée par les pouvoirs publics. Elle concerne chacun d'entre nous. Elle nous concerne tous. » Chacun est libre de s'interroger sur les opinions et les représentations des autres mais tous doivent s'interdire la dérision et l'humiliation destructrices. Les relations humaines nécessitent une forme de tact et celui-ci est le fruit de l'éducation.

12. Notre société est divisée et habitée par des violences latentes. Il est inquiétant en particulier que la police, la gendarmerie et même les pompiers et les premiers secours puissent être injuriés voire agressés. Il arrive que les forces de l'ordre se trouvent confrontées à des violences extrêmes et se sentent peu soutenues dans leur lutte contre la délinquance : parce qu'elles incarnent l'État, leur manière de se comporter aura valeur d'exemple et la rectitude de leur comportement a besoin d'être encouragée. La société

française se sent menacée et aspire à plus de sécurité face au terrorisme et à la violence sociale mais les moyens sécuritaires sont nécessaires et non suffisants. *Le respect de la Loi à tous les niveaux, du Code de la route au Code des impôts, s'impose à tous les citoyens.* On devra aussi, dans le débat électoral, s'interroger sur la place qu'a prise la consommation des drogues, qu'elles soient qualifiées de « douces » ou de « dures » par leurs utilisateurs. La tentation de transgresser les limites de sa conscience lucide ou de son état physique normal et l'appétit de certains pour de nouveaux marchés et des profits élevés agissent à l'encontre du sens de la responsabilité de chacun envers le bien de tous.

• Comment nous situer entre surestimation et sous-estimation du politique ?

• Comment articuler concrètement liberté personnelle et impératif de fraternité ?

• Comment le respect de la Loi trouve-t-il sa place dans la dynamique de la vie chrétienne ?

LES RELIGIONS : UNE CHANCE POUR NOTRE SOCIÉTÉ EN QUÊTE DE SENS

13. Parmi les libertés fondamentales, le Conseil d'État l'a rappelé récemment à plusieurs reprises, figure *la liberté religieuse*. La « laïcité à la française », structurée par une jurisprudence qui a toujours promu le respect, l'équilibre et le dialogue, ne peut être sacrifiée sur l'autel de la peur (ou, dans certains cas, de visées électoralistes). Comme tous les citoyens, les croyants de toute religion sont tenus au respect de l'ordre public mais n'ont pas à être suspectés *a priori* en raison de leur appartenance confessionnelle.

14. *Le dénigrement systématique des cultes ne parvient qu'à susciter du religieux refoulé*, potentiellement violent. Il est parfois plus

facile pour les législateurs de débattre des religions à coups de formules à l'emporte-pièce que d'assumer pleinement les fonctions d'abord régaliennes et sociales de la puissance publique. Les religions peuvent toujours être instrumentalisées par la violence qui habite le cœur humain et le mouvement fondamental de la religion ne peut se ramener à une quête d'identité particulière : il doit être suscité par la recherche de Dieu, du bien, du vrai et du beau.

15. *La rencontre des croyants de différentes religions, à laquelle concourt la laïcité de notre société française, est une chance pour notre avenir social commun.* Les croyants peuvent trouver dans leur religion les motifs profonds et larges d'un engagement réel dans la vie sociale et pour le bien commun, dans la sobriété de vie et le respect mutuel. La loi commune qui respecte la

liberté de conscience de tout citoyen est la leur. Ils l'observent mais participent aussi à son élaboration qui peut passer parfois par sa contestation. La loi doit, en toute hypothèse, respecter les droits et les principes fondamentaux, tels qu'ils sont affirmés notamment dans la Déclaration universelle des droits de l'homme ou notre Constitution. La foi en un Dieu unique, Créateur de tous les hommes, fait grandir la conviction d'une unique humanité appelée à une destinée commune.

- **Comment comprenons-nous la liberté religieuse ?**
- **Quels risques d'instrumentalisation des religions discernons-nous ?**
- **Comment notre foi au Dieu unique nous ouvre-t-elle à « la conviction d'une unique humanité appelée à une destinée commune » ?**

POUR UNE ÉCOLOGIE AUTHENTIQUEMENT INTÉGRALE

16. La crise climatique qui menace la vie sur notre planète appelle *une transformation écologique*. Le monde occidental a créé depuis la révolution industrielle une société d'abondance, voire de surabondance, dont le moteur est devenu la consommation. Le confinement du printemps 2020 nous a fait découvrir non seulement l'urgence d'une évolution de notre système de production et de nos modes de consommation, mais aussi la possibilité d'un autre mode de vie, plus sobre, moins centré sur la consommation mais faisant toute leur place aux relations interpersonnelles. Le pape François y avait exhorté dès juillet 2015 par son encyclique *Laudato si'*. Il appelait tous les humains, spécialement les catholiques, à

engager leur intelligence, leur énergie, leur créativité, leur volonté, non seulement à sauvegarder la « maison commune », mais plus encore à en « prendre soin ». Au moment où les élections offrent la possibilité de définir un nouveau projet collectif, il doit être clair qu'il ne suffit pas d'améliorer notre système de production et notre manière de consommer : il s'agit de travailler à les transformer profondément pour chercher comment produire ce dont nous avons besoin sans pour autant encombrer la terre de déchets ni épuiser ses ressources au risque d'en priver les générations à venir. Nos responsables économiques, industriels, agricoles et politiques doivent nous aider à oser cette transition. Ils ont commencé à la faire mais la décennie qui vient doit être une décennie de changements décisifs.

17. *Nous, catholiques, ajoutons que l'écologie doit être « intégrale ».* Elle ne comprend pas seulement l'environnement de l'humanité, mais aussi la manière dont l'humanité se traite elle-même. Comme l'affirme le pape François, « l'écologie intégrale est inséparable de la notion de bien commun, un principe qui joue un rôle central et unificateur dans l'éthique sociale » (*Laudato si'*, 56). Parmi les conditions sociales qui contribuent au bien commun et donc à l'écologie intégrale, il faut citer : le respect de la structure familiale et de la vérité de la filiation, la lutte contre la misère, l'habitat indigne et les conditions de vie dégradantes, le refus de tout ce qui porte atteinte à la dignité humaine, y compris l'esclavage dont la pratique perdure en certains pays. Comment prétendre promouvoir la biodiversité sans respecter au premier chef la dignité humaine dans toutes ses dimensions, notamment dans

le domaine des recherches biotechnologiques ? Comment se réclamer du principe de précaution sans veiller à ne pas déstabiliser la condition humaine par des trucages juridiques ou des manipulations biologiques ? Le souci écologique peut et doit devenir toujours davantage une grande dynamique fédératrice pour notre pays et pour notre temps : encore faut-il qu'il ne se détruise pas lui-même en se coupant de tout ce qui fonde et protège la spécificité et la dignité humaines.

18. Le confinement du printemps 2020 a fait ressortir *la différence de condition* entre ceux et celles qui sont logés agréablement et ceux et celles qui vivent dans des appartements trop petits, sans isolation phonique satisfaisante et dans des cités dépourvues d'espaces verts. Un plan de construction de logements et d'aménagement des quartiers périphériques devrait à nouveau être défini

afin de permettre à tous nos concitoyens de bénéficier d'espaces naturels, de beauté, de culture et de gratuité, à proximité de leur domicile. Il y a en France près de 9 millions de personnes vivant sous « le seuil de pauvreté ». Il y a dans le monde 800 millions de personnes qui ne mangent pas à leur faim. Si ces personnes sont proportionnellement moins nombreuses que dans le passé, elles ne sauraient être considérées comme un nombre incompressible auquel il faudrait se résigner. Toute politique économique, toute vision de la production, de la consommation et de la distribution, doivent chercher à proposer des solutions concrètes pour que notre société française soutienne tous ses membres et que notre pays contribue à la justice à l'échelle internationale.

• À quelle transformation écologique vous sentez-vous appelés ?

• Comment comprenez-vous la dimension « intégrale » de l'écologie authentique ?

• À quel partage êtes-vous prêts pour permettre à chacun de bénéficier de conditions de vie plus dignes ?

LA FRANCE
N'EST PAS UNE ÎLE

19. En tant que catholiques, nous sommes convaincus que *la destinée de chacun concerne l'humanité entière*. La mondialisation économique et culturelle en cours appelle de la part de tous un effort créatif pour que le respect des histoires, des cultures, des écosystèmes locaux et des personnes l'emporte sur les logiques d'affrontement ou de déstructuration. La construction européenne, si emblématique d'un combat remporté contre les tentations d'affrontement et de guerre, doit être constamment revue pour ne pas tomber dans l'impuissance, la dérive libertaire, l'excès technocratique, le renoncement à promouvoir de vraies valeurs morales, au risque de contribuer à susciter des replis nationalistes.

20. *Les appels prophétiques du pape François en faveur des personnes migrantes* engagent les sociétés les plus développées à adopter des comportements d'humanité et de générosité. Il ne s'agit pas de nier la légitimité de la régulation juridique des flux migratoires, mais de veiller à ce que personne ne prenne son parti des drames humanitaires qui se produisent constamment sous nos yeux ou à quelques encablures de nos côtes. Dans ce contexte, beaucoup soulignent à juste titre l'importance et la difficulté des politiques d'aide au développement en faveur des pays d'origine des personnes migrantes, souvent foyers d'extrême violence, de grande pauvreté, de violation des droits humains, de corruption, d'accaparement du pouvoir et d'accumulation de richesses par quelques-uns qui minent tous les efforts entrepris. Avec d'autres, les chrétiens doivent s'en-

gager dans la prise en compte politique des questions de paix, de respect des droits de l'homme et de solidarité internationale, et contribuer à en faire un enjeu électoral de premier plan. Nous rejoindrons ainsi le souhait du pape François « qu'en cette époque que nous traversons, en reconnaissant la dignité de chaque personne humaine, nous puissions tous ensemble faire renaître un désir universel d'humanité » (*Fratelli tutti*, 8).

21. Plus généralement, notre pays doit prendre en compte *la montée en puissance démographique, technologique, économique de l'Asie et de l'Afrique*. Non pas pour s'en inquiéter, mais pour s'interroger sur ses propres choix : accordons-nous la priorité aux nouvelles générations, à nos enfants et à nos jeunes ? Savons-nous les accueillir, les élever, les éduquer et les former ? En

présence du dynamisme d'autres pays et d'autres cultures, où réside notre propre dynamisme ?

• Comment contribuer à une construction européenne plus ajustée ?

• Quelle part pouvons-nous prendre à un accueil ajusté des personnes migrantes ?

• Comment le dynamisme nouveau de l'Asie et de l'Afrique peut-il stimuler notre propre dynamisme ?

TRANSMETTRE

22. À l'approche d'une étape politique importante pour la vie de notre pays, nous ne pouvons pas ne pas nous poser la question : *qu'allons-nous transmettre aux générations qui viennent ?* Depuis plus de cinquante ans, notre pays accumule les déficits budgétaires et commerciaux. L'augmentation constante et soutenue de la dette publique de notre pays et le déficit toujours plus important de notre système de protection sociale constituent des données particulièrement préoccupantes. Pour maintenir notre niveau de vie et notre consommation, allons-nous continuer à nous endetter ainsi ?

23. Nous n'avons pas le droit de faire porter aux générations futures une telle

charge et de tels risques. Dans nombre de domaines clés, nous sommes passés de l'interdépendance à la dépendance vis-à-vis de pays voisins ou plus lointains. Sans doute est-il temps de nous ressaisir si nous voulons que nos enfants conservent la maîtrise de leur destin individuel et collectif. Cela apparaît d'autant plus nécessaire que notre monde connaît une révolution technologique de grande ampleur : les instruments numériques transforment nos activités, nos relations, notre quotidien. Source de progrès et d'avancées scientifiques remarquables, la digitalisation du monde peut aussi restreindre l'homme voire l'asservir. Quels moyens nous donnons-nous collectivement pour garder le contrôle de ce changement majeur et pour faire en sorte que les générations nouvelles en soient les maîtres et non les esclaves ? *L'éducation que nous donnons à nos jeunes est-elle à la hauteur de ce défi ?*

24. Enfin quelle place faisons-nous collectivement à ce qui édifie l'homme et notamment à la gratuité, au sens du service et à la vie spirituelle ? *L'homme ne vit pas seulement de pain et n'est pas qu'un producteur et un consommateur*. Ne sommes-nous pas saturés de biens, d'images, de sons et de sollicitations de toutes sortes ? Pour nos enfants, il importe que nous puissions vivre dans une société qui ne soit pas seulement marquée par le tumulte, l'accaparement, le conflit, l'agitation, mais où le calme, la contemplation, le don, la gratitude aient aussi droit de cité. Notre rapport à l'histoire ne peut pas se transformer en regard anachronique unilatéralement négatif sur le passé. Nous avons, au contraire, à puiser dans le meilleur des héritages reçus des ressources pour l'avenir et des raisons d'espérer.

• Comment sortir d'un certain fatalisme par rapport à l'accumulation de déficits qui met en péril l'avenir des générations qui viennent ?

• Prenons-nous assez au sérieux les enjeux éducatifs de la situation présente ?

• Comment retrouver le sens de l'histoire, du silence et de la gratuité ?

CONCLUSION

25. Enracinés dans l'expérience baptismale et ecclésiale de la fraternité, nous souhaitons contribuer à la fraternité sociale et universelle. *Il ne s'agit pas de confondre les réalités spirituelles et temporelles, mais bien de les articuler*. Nous ne sommes pas tiraillés entre notre identité de croyants et notre identité de citoyens parce qu'elles ne se situent pas sur le même plan. Les ressources spirituelles de notre foi emplissent nos cœurs de joie et éclairent nos choix de vie. Elles nous donnent également le goût de contribuer avec tous nos concitoyens, quelles que soient leurs appartenances intellectuelles, spirituelles et culturelles, à plus de justice et de paix. Elles ne nous dispensent

pas de respecter les règles légitimes de la vie commune.

26. *Les évêques que nous sommes ne sortent pas de leur rôle en encourageant les chrétiens à exercer pleinement leurs responsabilités de citoyens, c'est-à-dire d'électeurs et d'acteurs du bien commun.* Pour autant, nous ne donnons ni ne donnerons de consignes de vote, encourageant plutôt chacun à voter en conscience à la lumière des critères de discernement qu'enseigne le Magistère de l'Église et que nous rappelons dans ce texte. Comme l'écrivait le cardinal Vingt-Trois en 2011 en introduisant la déclaration *Un vote pour quelle société* : « Nous devons soigneusement distinguer ce qui relève de l'impossibilité de conscience et ce qui relève d'un choix encore acceptable, même s'il ne correspond pas totalement à nos convictions, parce que, alors, un bien, même modeste,

reste réalisable ou peut être sauvegardé, en tout cas davantage que dans d'autres hypothèses. Il ne s'agit pas de se résigner au moindre mal, mais de promouvoir humblement le meilleur possible, sans illusion ni défaitisme, et simplement avec réalisme. »

27. Nous traversons des temps rudes et périlleux. Les échéances qui approchent seront cruciales. Mais *la peur est toujours mauvaise conseillère. C'est l'espérance qui ouvre le chemin des choix courageux et salutaires.* Dans la foi, nous savons que « l'espérance ne déçoit pas parce que l'amour de Dieu est répandu dans nos cœurs » (Romains 5, 5). Voilà qui nous encourage et nous oblige à un amour qui « se donne de la peine » et à une espérance qui « tienne bon » (voir 1 Thessaloniciens 1, 3).

Table des matières

Composition : Le vent se lève...

Achevé d'imprimer
sur les presses de la Nouvelle Imprimerie Laballery
58500 Clamecy

N° d'imprimeur : 112677
Achevé d'imprimer : décembre 2021
Dépôt légal : janvier 2022